Nos Vacances chez l'Oncle Charles

Araignées et Scorpions

PAR

CH. de RAMPAN

DESSINS DE H. M. BOISGONTIER

PARIS
LIBRAIRIE C. REINWALD
SCHLEICHER FRÈRES, ÉDITEURS
61, RUE DES SAINTS-PÈRES, 61

Araignées et Scorpions

Le lendemain, à la première heure, nous étions debout pour visiter l'araignée dont notre oncle Charles nous avait parlé et nous nous réjouissions fort de faire cette nouvelle connaissance, sûrs que nous étions d'apprendre des choses intéressantes.

Notre oncle descendait en même temps que nous et nous nous dirigions aussitôt vers le fond du parc.

— Vous allez assister, mes enfants, au repas de ma protégée, une superbe araignée que l'on nomme l'*epeira diademata* ou *porte-croix,* parce que le dessus de son corps porte des traits

blancs rappelant vaguement la forme

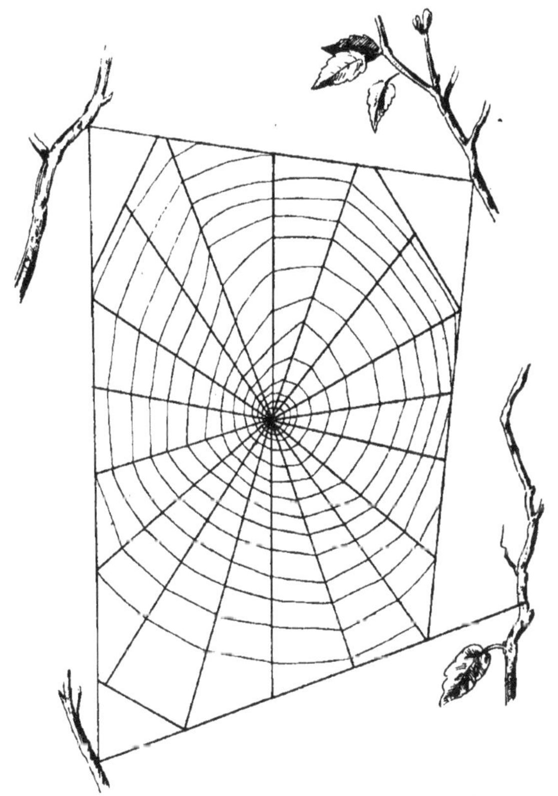

Toile de l'*Epeira diademata*.
Les fils principaux sont beaucoup plus forts
que ceux composant le tissu lui-même.

d'une croix. J'ai là, dans cette petite

bouteille, quelques mouches pour elle, et vous verrez avec quelle adresse elle les saisira et les portera dans son garde-manger, après leur avoir enlevé toute velléité de fuite.

Depuis quelques jours je m'occupe d'elle et nous sommes à présent de très bons amis : je suis certain que vous vous intéresserez vivement à ses faits et gestes, à sa manière de vivre, à ses ruses, et que vous admirerez l'instinct dont est doué cette bestiole. Prenons ce petit chemin à l'extrémité duquel sa toile est tendue.

Un instant après nous nous trouvions devant une superbe toile, régulièrement tissée, tendue entre les branches d'un arbrisseau. La rosée du matin avait posé sur les fils si menus, de nombreuses gouttelettes qui brillaient au soleil comme autant de diamants. La propriétaire de ce merveilleux piège n'était pas là, mais notre oncle ayant jeté au milieu de la toile l'une des mouches qu'il avait apportées, nous pûmes voir, sortant subitement d'une petite niche formée

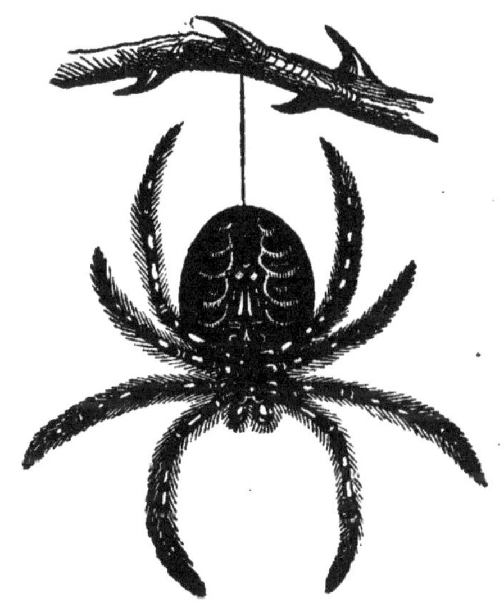

L'*Epcira diademata*
Vue de dessous. Grandeur naturelle.

de feuilles rapprochées, à l'une des extrémités du filet, la bête qu'il nous tardait de connaître.

Avec une vitesse incroyable, elle traversa le fin réseau, se jeta sur sa proie, la saisit avec ses deux pinces et, la tournant entre ses pattes, l'enveloppa entièrement d'un tissu serré. La pauvre mouche était emmaillotée comme un poupon et transportée en un instant auprès de la niche de feuillages.

Pendant cette courte lutte, la toile avait été quelque peu endommagée : les gouttelettes de rosée étaient tombées et notre *epeira* se mettait aussitôt en demeure de réparer son piège : en deux ou trois secondes, grâce à quelques fils adroitement remplacés, la toile avait repris son premier aspect et notre petite amie prenait fièrement position au centre, prête à recevoir de nouveaux hôtes. Nous lui jetâmes à tour de rôle, quelques mouches : toutes eurent le même sort et formèrent autant de petits colis placés en réserve.

Après chaque capture la toile était réparée méticuleusement. Notre oncle prit alors de petits brins de paille et en jeta deux ou trois dans l'un des coins du filet : immédiatement notre araignée se dirigeait vers cette proie supposée, s'arrêtait un instant pour la reconnaître, mais voyant de quoi il s'agissait, reprenait son poste d'observation. Un instant après elle quitta le centre de sa toile, lentement, et alla saisir le fétu le plus rapproché : elle le porta jusqu'au bord inférieur du filet pour le laisser tomber à terre : elle répéta la même opération pour les autres brindilles et, son ménage terminé, rejoignit son petit logis de feuilles pour prendre un peu de repos.

A ce moment, une forte guêpe vint s'embarrasser dans les mailles et s'agita furieusement pour sortir de ce « guêpier », mais plus elle se débattait, plus elle s'empêtrait. Notre araignée, voyant qu'elle avait affaire à trop forte partie, s'approcha avec précaution et coupa elle-même deux ou trois des fils qui retenaient la gêneuse : elle lui rendit ainsi la liberté. Puis elle se mit à l'œuvre pour réparer la forte brèche.

— Vous voyez, mes enfants, comme notre petite amie sait s'organiser : elle adore l'ordre et la propreté, puisqu'elle débarrasse sa toile des corps étrangers qui s'y fixent : brindilles de paille, petites feuilles mortes, tout ce qui tombe est de suite enlevé, car ces petits fragments, retenus sur la toile, attireraient immédiatement l'attention de l'ennemi : il doit être arrêté par ce réseau, avant de l'avoir aperçu.

Vous avez vu aussi que l'araignée ne craint pas de détruire elle-même une partie de sa toile, lorsqu'un insecte plus fort qu'elle, vient s'y empêtrer. C'est là un bel exemple d'ordre et de prudence.

Mais je vous dois des explications sur ces intéressantes petites bêtes, sur leurs mœurs, et les différentes espèces que j'ai eu l'occasion d'étudier.

L'araignée est le principal type de la

classe des Arachnides, qui comprend en outre, les Scorpions dont je vous parlerai tout à l'heure, les Acarides, les Ixodes et les Apneustes : ces trois derniers ordres ne renferment que de tout petits animaux, comme l'acarus de la gale, le ciron du fromage, les tiques ou ricins, etc., arachnides fort gênantes, bien que tenant peu de place.

Les araignées ont le corps divisé en deux parties : le céphalothorax, qui comprend la tête et le thorax, et l'abdomen, qui est en général beaucoup plus grand que la partie antérieure de l'animal : ces deux parties du corps sont reliées entre elles par un pédicule ou petite tige, cachée par l'abdomen.

Les pattes, au nombre de huit, sont attachées au céphalothorax : il n'y a jamais d'ailes ni d'antennes, mais deux autres pattes que l'on nomme les « pattes-mâchoires » et qui se trouvent des deux côtés de la tête, auprès des pinces ou chélicères : ces pinces, acérées et mobiles, placées au-dessus de la bouche, servent aux araignées pour paralyser leurs victimes et leur donner la mort ; en effet, les pinces sont traversées dans toute

Bouche de l'araignée,
vue de dessus, avec les crochets venimeux
dont l'un est infléchi ; on aperçoit
les huit yeux portés sur de petites éminences.
(Figure fortement grossie.)

leur longueur par un petit canal donnant passage au venin qui provient de glandes spéciales placées à leur racine. Ce venin, dont l'effet est foudroyant pour les insectes, n'a aucune influence sur l'homme, sous notre climat du moins.

Les extrémités des pattes sont armées

de petites griffes et de petits poils for-

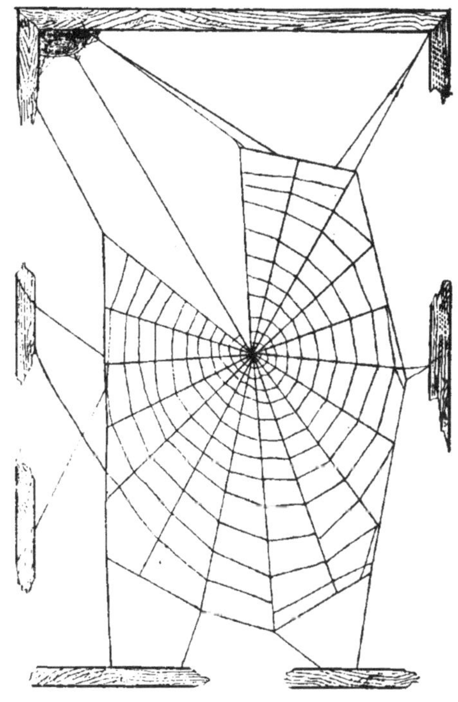

Toile de *Zilla*.
Chaque araignée suit, dans la disposition de sa toile, un plan qui lui est propre.

mant peignes, qui servent au délicat travail du tissage et à la marche de l'araignée au travers de sa toile ; et remarquez bien que là où tout autre insecte, gros ou petit, est arrêté dès qu'il frôle la toile, l'araignée ne s'y trouve jamais embarrassée : malgré l'ampleur de son abdomen, elle circule sur le fin réseau aussi facilement que sur la terre ferme.

Les araignées sont, vous l'avez vu, carnivores : elles se nourrissent généralement d'insectes, qu'elles saisissent vivants, pour en sucer la substance liquide, après les avoir percés à mort.

Les yeux sont simples et généralement au nombre de huit : leur disposition varie suivant les genres : ordinairement ils sont portés sur de petites éminences, ce qui permet à l'araignée, dont la tête n'est pas mobile, de voir facilement ce qui se passe autour d'elle.

La respiration est aérienne et se fait tantôt par des trachées, comme chez les insectes, tantôt par des organes feuilletés renfermés dans des poches membraneuses : ce sont en quelque sorte des poumons recevant l'air par des fentes ou stigmates, situées sous l'abdomen.

L'abdomen est arrondi, gros, mou ; il est nu chez certaines espèces, et recouvert de poils, chez d'autres. C'est à la pointe postérieure de l'abdomen que sont groupées les filières, sortes de petites saillies dont le nombre varie de quatre à huit : chacune des filières est percée, comme une pomme d'arrosoir, d'une grande quantité de pores par lesquels sort la matière textile, gluante et demi-liquide, mais qui se durcit rapidement au contact de l'air.

Cette matière devient la soie dont l'araignée se sert pour tisser sa toile, pour construire la demeure soyeuse qui lui sert d'abri, pour se soutenir dans l'air si elle vient à tomber, pour enfermer sa proie, comme vous l'avez vu tout à l'heure et aussi pour fabriquer les petits cocons qui entourent ses œufs.

Ces fils sont près de cent fois plus minces que ceux des vers à soie.

Vous avez dû voir souvent, par les campagnes, de longs filaments blancs

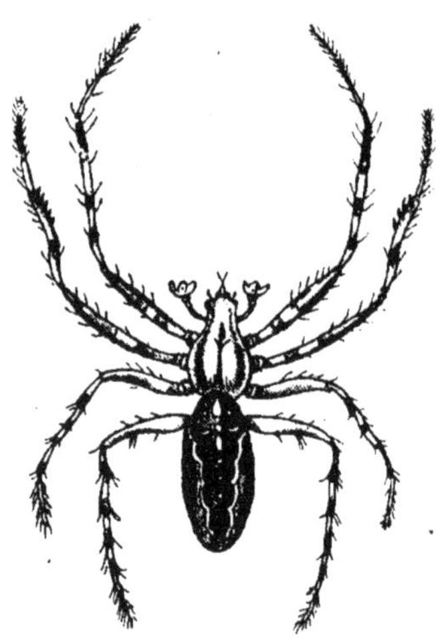

L'*Epeira diadema*, mâle.

emportés par le vent et que les paysans appellent « fils de la Vierge. » Ce sont tout simplement des soies d'araignées du genre *thomise*, et il n'est pas rare de trouver, suspendue à ces fils ambulants, une araignée qui profite de ce moyen de locomotion peu coûteux, pour voir du pays.

On a cru longtemps que les toiles des araignées, appliquées sur une plaie, avaient la propriété d'amener une prompte cicatrisation : erreur, et même ce remède de bonne femme n'est pas sans danger, car la soie n'étant pas aseptisée, ne peut qu'augmenter l'inflammation de la plaie.

Chez presque toutes les araignées la reproduction se fait au moyen d'œufs, qui éclosent en automne : ces intéressantes petites bêtes n'ont pas de métamorphoses, mais seulement des changements de peau : leur coloration correspond, en général, à la teinte du milieu où elles vivent. La plupart sont grises, d'autres jaunes, vertes, brunes ou rouges, suivant qu'elles vivent sur les arbustes, le tronc des arbres, les mousses ou les fleurs. Elles conservent, leur vie durant, la forme qu'elles ont en naissant, se contentant de grandir et de grossir chaque année. Une araignée dit-on, peut vivre sept ans : la femelle

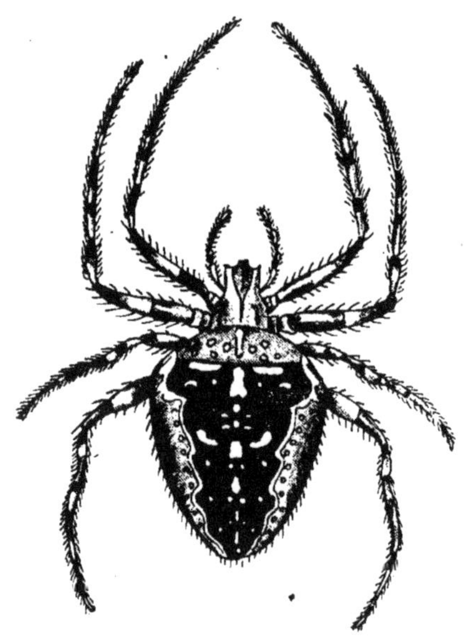

L'*Epeira diademata*, femelle.
La femelle est presque toujours plus grosse que le mâle.

est presque toujours beaucoup plus grosse que le mâle.

Certaines araignées, comme les *tégenaires* ou araignées domestiques dressent leur piège dans les angles des murs de nos maisons, de nos caves, de nos écuries, et occupent l'intérieur d'un petit tube au devant duquel la toile s'étend horizontalement, comme un tapis.

D'autres, comme la *tetragnatha extensa,* couvrent à l'aide de leurs filaments, les fleurs et les herbes des champs et des prés : d'autres, comme la *malmignatta* qui vit en Corse, en Sardaigne et en Italie, projettent quelques fils isolés sur les pierres et devant les fissures où s'abritent les insectes.

Chaque espèce d'araignée, on pourrait même dire chaque araignée isolée, suit, dans la disposition de son merveilleux tissu, un plan qui lui est propre et sait l'adapter parfaitement à la localité et aux circonstances, afin d'y capturer le plus grand nombre possible de victimes.

Elles choisissent de préférence les

endroits où tournoient les myriades de moucherons, sous les grands arbres, ou

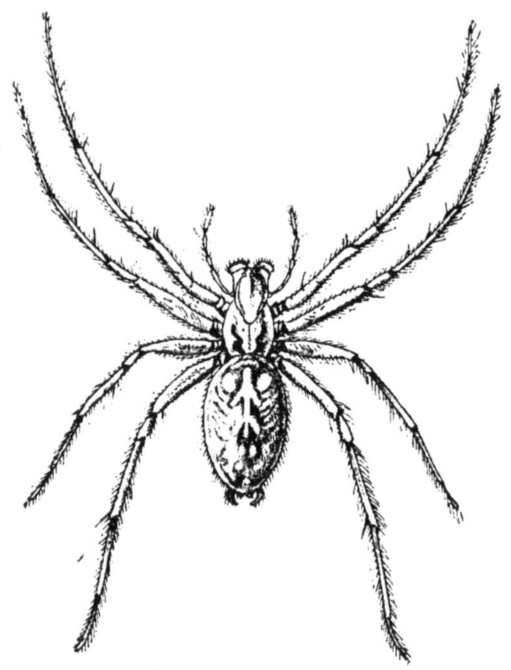

La *Tegenaria*.
Cette araignée vit dans nos maisons.

bien ceux où un courant d'air favorable pousse de lui-même dans son filet, les insectes ailés, ou ceux enfin où des fruits mûrs attirent ces derniers.

Fort économe de sa précieuse étoffe, l'araignée ne se met jamais à l'œuvre à l'approche d'une tempête, car elle sait

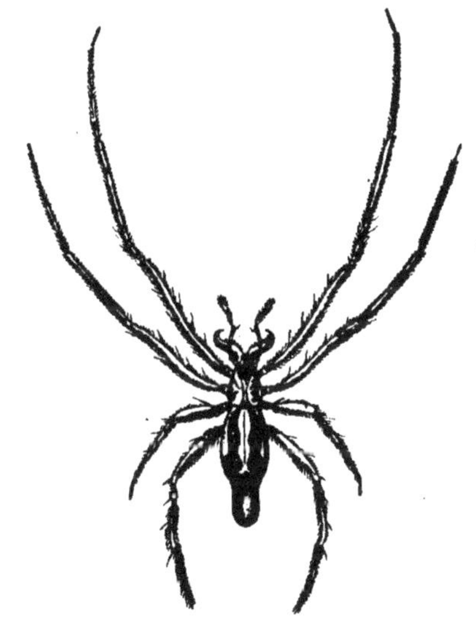

La *Tetragnatha*,
ne tisse pas de toile, mais recouvre les fleurs et les herbes de filaments.

que le vent déchirerait sa toile et rendrait superflues toutes ses peines ; elle s'abstient de même dans ce cas de raccommoder une toile endommagée.

Aussi lorsque vous la voyez au travail,

vous pouvez être à peu près sûr qu'il fera beau temps.

Il arrive souvent que de grandes toiles, dont le tissu n'est pas très serré, ondoient au gré du vent plus que cela ne convient à l'araignée. Que fera-t-elle pour obvier à ce désagrément ? Elle descendra tout simplement à terre, choisira un petit gravier ou un fragment de bois, enroulera ses fils autour, remontera à son filet et, de là, hissera ce poids : arrivé à une hauteur convenable ce lest improvisé sera fixé à la partie inférieure de la toile et maintiendra celle-ci au degré de tension voulue, tout en étant assez léger pour osciller au gré du vent, et éviter au tissu de nouvelles ruptures : ce phénomène curieux a été observé plus d'une fois.

Une des espèces les plus intéressantes est l'*argyronète aquatique*, merveilleuse petite araignée qui vit au sein des eaux stagnantes où elle se tisse un abri en forme de cloche : ce nid argenté est maintenu dans une position verticale par de nombreux fils attachés aux roseaux. Mais comme notre *argyronète* a besoin d'air respirable, elle remonte de temps en temps à la surface de l'eau, soulève son

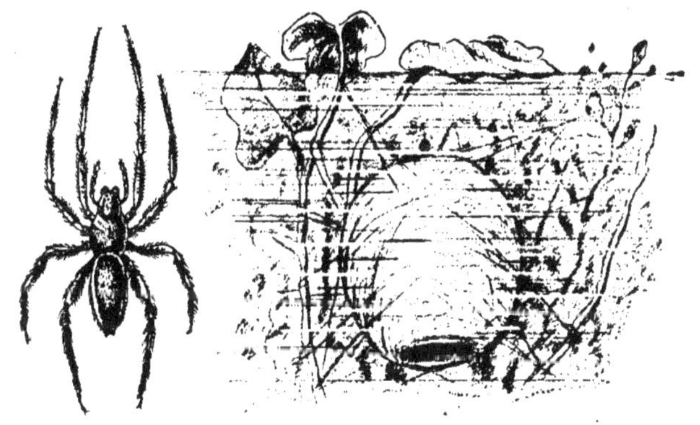

L'*Argyronète aquatique* et son nid.

abdomen, et replonge en entraînant avec elle une bulle d'air qui adhère au duvet de son corps. Arrivée auprès de son petit logis, elle frotte son abdomen de ses pattes jusqu'à ce qu'elle ait détaché la bulle d'air, qu'elle vide ainsi dans sa demeure qui, peu à peu, se trouve gonflée. C'est là qu'elle habitera et qu'elle élèvera ses petits : elle chasse sur la terre ferme aussi bien que dans l'eau et emporte toujours sa capture dans son petit palais : une fois repue, elle sus-

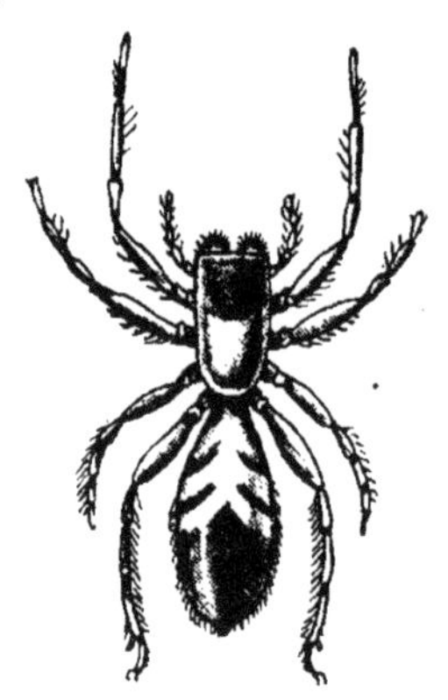

L'araignée *Salticus*.

pend le reste des provisions dans sa cloche, à l'aide d'un fil.

Il y a des araignées qui ne tendent pas de toile, mais courent sans cesse de côté et d'autre à la poursuite de leur proie. Telles sont les espèces du genre *salticus*, qui guettent leurs victimes à la manière des chats et sautent sur elles d'un bond rapide, franchissant parfois une distance de 5 à 6 centimètres.

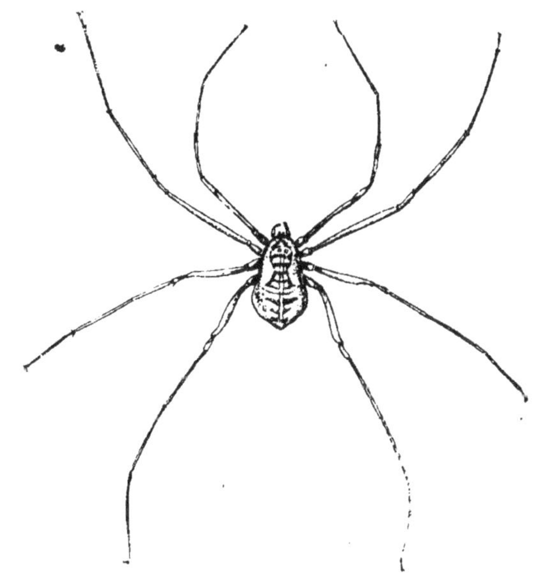

Faucheur.

Les *phalangides* ou *faucheurs*, qui se reconnaissent à leurs pattes longues et grêles : ces pattes tombent avec une extrême facilité et remuent longtemps après avoir été séparées du corps. Les *faucheurs* se tiennent en général contre les murs exposés au soleil : leurs longues pattes sont étalées autour d'eux, comme autant de sentinelles qui les avertissent de l'approche d'un insecte.

La *Dolomède* vit au bord des étangs.

La *dolomède* que l'on peut voir sur les bords des étangs, circulant à la surface de l'eau comme sur terre et plongeant même s'il le faut.

Les *lycoses*, qui emportent entre leurs

pattes de devant ou attaché à leurs filières, un petit cocon renfermant leurs œufs. Ce sont d'excellentes mères de famille, qui poussent l'amour maternel jusqu'à porter sur leur dos, leurs petits

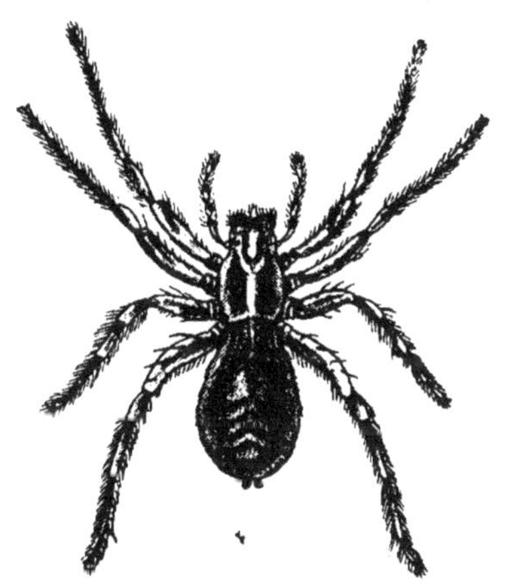

La *Lycosa* porte sur son dos, ses petits lorsqu'ils sont encore trop faibles.

trop faibles encore pour aller eux-mêmes à la chasse.

Il y a encore la *tarentule*, dont le venin passait autrefois, à tort, pour être violent et pour jeter les personnes piquées dans un délire qui leur faisait faire des contorsions et pousser des cris et des rires frénétiques : elle se trouve dans le

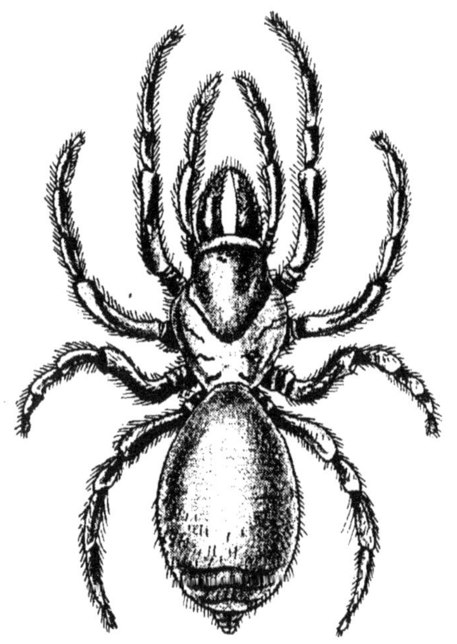

La *Ctenisa*, creuse dans la terre un petit puits muni d'un couvercle.

midi de l'Europe, surtout en Italie, aux environs de Tarente.

La *cteniza* qui vit en Corse et sur les bords de la Méditerranée et qui creuse dans la terre un petit puits, souvent profond de trente centimètres, entièrement tapissé de soie et muni d'un couvercle épais.

La *mygale maçonne* que l'on rencontre en Provence, se construit également,

La *Mygale maçonne*
et son terrier à couvercle.

à l'aide de ses pattes et de ses vigoureuses mandibules, dentelées comme des râteaux, un trou cylindrique, dont l'ouverture est close hermétiquement par une porte à charnière construite avec un art admirable. Cette porte est un couvercle assez mince et cependant composé d'un grand nombre de couches de toile qui alternent avec de légères couches de terre. Du côté de la charnière, les lamelles de toile se continuent avec les parois du trou, ce qui donne à cette charnière une grande élasticité.

Pour sortir de sa demeure, la *mygale* soulève sa porte qui retombe d'elle-même comme une trappe et ferme exactement l'entrée du terrier. Sa chasse terminée, elle regagne son singulier logis, en soulève facilement le couvercle avec les griffes qui terminent ses pattes et se faufile à l'intérieur en laissant la trappe retomber sur elle.

La plus grosse et la plus redoutée des araignées est la *mygale aviculaire* qui vit sous les tropiques : on en trouve beaucoup dans l'Amérique du Sud, en Afrique, en Asie, vivant dans le creux des arbres, sous les pierres ou se creusant des tunnels dans le sol. Ce sont de véritables monstres, velus, repoussants, aux pattes longues, aux mandibules ar-

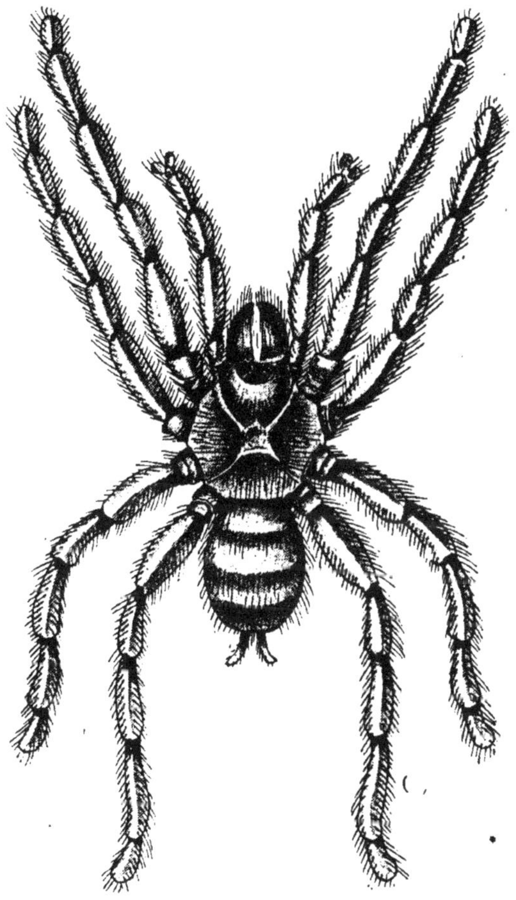

La *Mygale aviculaire*, araignée monstre, dévore les petits des colibris.

mées d'un crochet long et robuste qui

se meut verticalement. Leur abdomen est garni de quatre filières dont deux beaucoup plus longues font saillie en arrière comme deux tentacules.

Elles rôdent le soir ou la nuit, s'attaquant aux gros insectes, aux lézards, et ne craignent pas de s'en prendre aux petits oiseaux : elles visitent les nids des colibris et dévorent les petits. C'est pour cette raison qu'on a donné à quelques espèces le nom de *mygales aviculaires* (du mot latin *avis*, qui signifie oiseau.)

Les *mygales* peuvent atteindre, pattes étendues, une longueur de 15 à 20 centimètres. Lorsqu'un coup de pioche vient bouleverser leurs terriers qui sont en général construits dans les terrains sableux légèrement en pente, elles se mettent en boule et se laissent rouler, puis, étendant vivement leurs pattes, elles font un bond et retombent plus loin, toujours sous forme de boule.

Leur morsure est redoutée et le poil,

dont elles sont couvertes, s'attache à la peau, dès qu'on le touche et y produit une irritation fort douloureuse.

Somme toute, c'est un animal fort peu sympathique et je préfère de beaucoup nos petites araignées de France, si intelligentes, si industrieuses et que nous ne pouvons qu'admirer ; je connais en effet peu d'animaux offrant autant de titres à notre intêret, je dirai même à notre admiration, soit par leur organisation, soit par leurs mœurs ou par leurs facultés, qui touchent de bien près à l'intelligence.

L'araignée s'apprivoise facilement : j'en possédais une l'an passé, qui, après les nombreuses visites que je lui avais rendues, ne craignait pas de venir prendre les mouches vivantes entre mes doigts. On dit aussi qu'elles adorent la bonne musique : le célèbre compositeur Grétry en avait, paraît-il, apprivoisé une qu'il faisait descendre de sa toile, à volonté, au moyen de son piano, et de nombreux exemples sont venus confirmer ce fait curieux.

Il me semble donc que le sentiment d'horreur et de dégoût que nous éprouvons à la vue d'une araignée, doit faire place à une bienveillante attention ; ce petit être, pour nous aussi peu nuisible qu'utile, a droit à notre amitié et à notre protection.

Retournons à la maison, mes enfants, je vous montrerai une autre sorte d'arachnide, qui m'a été rapportée d'Afrique et que je conserve précieusement dans mes collections. C'est un scorpion, long de 12 à 15 c/m, armé de pinces formidables.

Tenez, examinez cette vilaine bête, que l'on nomme le *buthus afer*, et comparez-la avec l'araignée.

L'abdomen n'est pas globuleux, mais allongé et divisé en plusieurs articles dont les derniers sont semblables à une queue ; l'extrémité, est armée d'un crochet creux qui est en communication avec une glande venimeuse.

Les derniers articles de cette queue

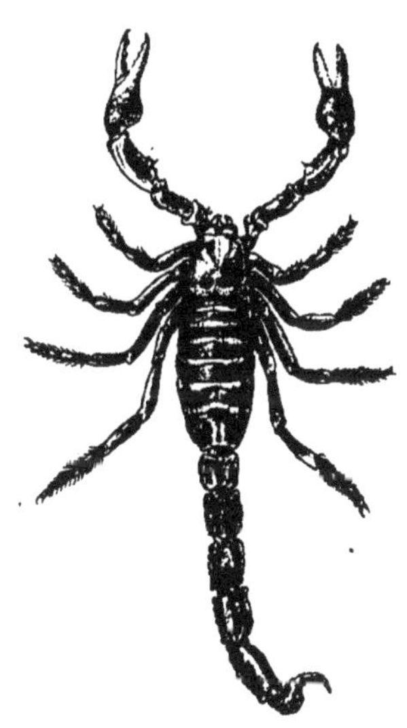

Le scorpion d'Europe.

sont très mobiles et au moindre danger le scorpion les relève au-dessus du céphalothorax, présentant ainsi à l'ennemi, la pointe arquée qui la termine.

Remarquez surtout les pinces qui

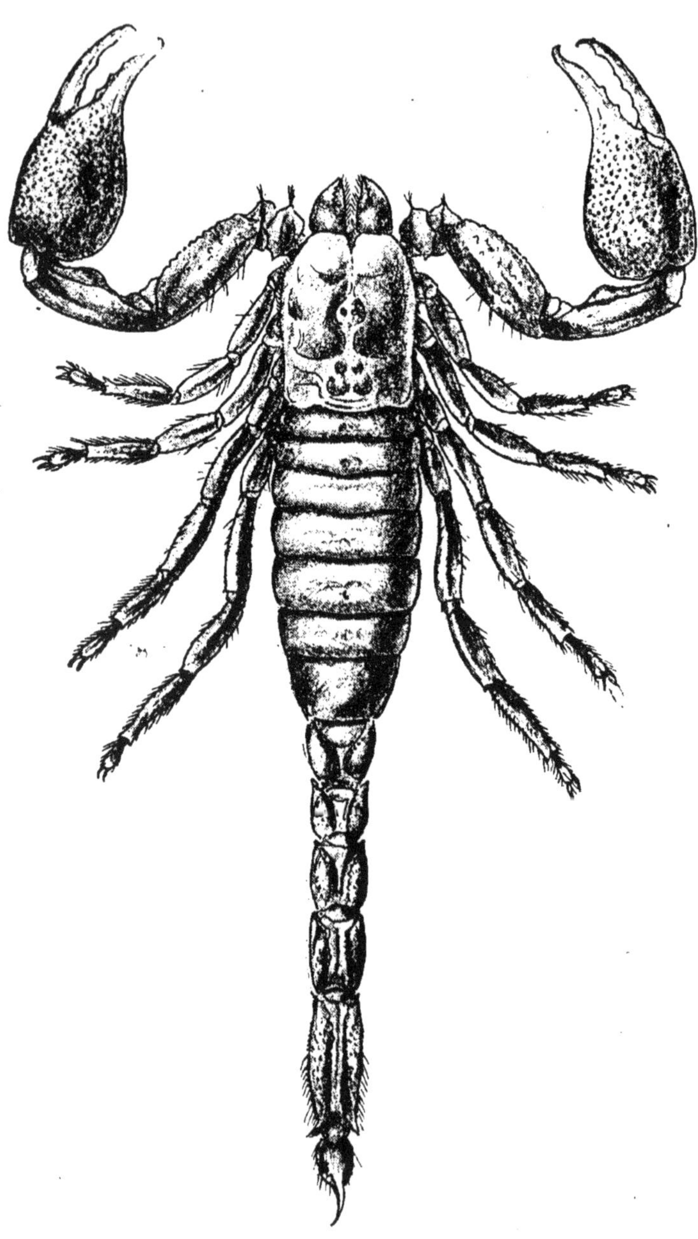

Le scorpion des tropiques.

sont à l'extrémité des pattes-mâchoires ; ne dirait-on pas une vulgaire écrevisse ; et ce crochet recourbé qui, même au repos, semble toujours menaçant !

Nous avons dans les départements du sud de la France de petits scorpions mesurant de 3 à 6 centimètres : ils vivent sur les pentes arides exposées au soleil et se tiennent généralement sous les grosses pierres, sous les écorces ou encore dans les lieux obscurs et humides.

Les gros scorpions, comme notre *buthus afer*, que vous avez sous les yeux, vit en Afrique et il est très redouté car sa piqûre est, pour l'homme, souvent mortelle.

Cet animal est en somme plutôt repoussant et est pour nous beaucoup moins intéressant à étudier que nos araignées.

Il vous arrivera quelquefois de trouver dans les vieux livres, dans les vieilles paperasses de singuliers petits êtres, longs seulement de 3 millimètres et armés de pinces microscopiques. Ce sont les *pinces* ou *faux scorpions*, ainsi appelés parce qu'ils ressemblent, en effet à des scorpions en miniature qui seraient privés de queue.

J'en ai trouvé plusieurs dans mon herbier et me suis bien gardé de les en déloger, car ils me rendent le service de faire la chasse aux petits insectes qui sont nuisibles aux collections de plantes sèches.

Je crois, mes chers enfants, que vous n'avez pas perdu votre matinée. Retournez au parc et essayez de capturer une *epeira* dans ce bocal ; vous pourrez vous amuser à l'élever et à l'observer tout à votre aise, mais ne touchez pas à ma petite amie, celle que je vous ai montrée au fond du parc.

Fontenay-aux-Roses (Seine). – Imp. L. Bellenand

www.ingramcontent.com/pod-product-compliance
Ingram Content Group UK Ltd.
Pitfield, Milton Keynes, MK11 3LW, UK
UKHW022003260726
13994UKWH00004B/1934

9 782329 374000